Julien **FEUVRIER**

Archiviste de la ville de Dole

NAPOLÉON BONAPARTE

A DOLE

PARIS

LIBRAIRIE ANCIENNE HONORÉ CHAMPION, ÉDITEUR

5, QUAI MALAQUAIS, 5

—

1911

NAPOLÉON BONAPARTE A DOLE

*EXTRAIT DE LA CORRESPONDANCE HISTORIQUE
ET ARCHÉOLOGIQUE*

Année 1911

Tiré à 100 exemplaires.

Julien **FEUVRIER**

Archiviste de la ville de Dole

NAPOLÉON BONAPARTE

A DOLE

PARIS

LIBRAIRIE ANCIENNE HONORÉ CHAMPION, ÉDITEUR

5, QUAI MALAQUAIS, 5

—

1911

NAPOLÉON BONAPARTE

A DOLE

Les publications sur la jeunesse de Napoléon sont innombrables et on les voit déjà éclore avant brumaire. Après la longue agonie, sur le plateau de Longwood, du géant terrassé, ce fut à qui narrerait les moindres épisodes de l'existence de ce génie dont la renommée remplissait le monde.

Au mois d'août 1821, Amanton, un ancien maire d'Auxonne (1), publiait dans le *Journal de Dijon* et dans la *Quotidienne* des articles sur le séjour de Bonaparte à l'école d'artillerie d'Auxonne et notamment sur ses voyages à Dole pour l'impression de la célèbre *Lettre à Matteo Buttafoco*. Panckouke qui éditait à cette date les œuvres de Napoléon s'emparait de ces détails bibliographiques et les plaçait en tête de la seconde édition de la *Lettre*. Amanton les tenait de l'imprimeur Joly, un Nancéen ayant succédé depuis quelques années aux Tonnet dans l'atelier typographique de Dole (2).

A sa sortie de l'école militaire de Paris en 1785, le jeune Bonaparte avait été nommé lieutenant en second au régiment de La Fère en garnison à Valence, régiment qui fut envoyé en décembre 1787 à l'école d'artillerie d'Auxonne. Le futur

(1) Claude-Nicolas Amanton, né à Villers-les-Pots (Côte-d'Or) en 1760, fut avocat au Parlement de Bourgogne, maire d'Auxonne de 1805 à 1813, puis conseiller de préfecture à Dijon sous la Restauration. Il a publié, dans divers journaux ou revues, de nombreux articles relatifs à l'archéologie et à l'histoire de la Bourgogne. Mort à Meudon en 1835.

(2) Joseph-François-Xavier Joly (1750-1844) occupe un bonne place dans l'histoire de l'imprimerie en Franche-Comté. Après avoir travaillé en Hollande, puis chez les principaux typographes de Paris, il vint se fixer à Dole en 1784. Parmi les nombreux travaux sortis de ses presses, on peut citer, outre la *Lettre à Buttafoco* : LAIRE, *Dissertation sur l'origine et les progrès de l'imprimerie en Franche-Comté pendant le xv° siècle*, 1785 ; *Procès-verbal de l'inauguration de la statue de Louis XVI*, 1785 ; JANTET, *Leçons élémentaires de méchanique*, 1785 ; PERSAN, *Recherches historiques sur la ville de Dole*, 1812.

empereur, en congé à cette date, ne rejoignit sa compagnie que dans les premiers jours de juin 1788.

Le régiment de la Fère comptait, parmi ses officiers, deux Dolois : le chevalier Jacques-Philippe-François Masson d'Autume, capitaine, qui émigra en 1792 et que le Premier Consul devait, en 1803, nommer conservateur de la bibliothèque de l'Ecole d'application de l'artillerie et du génie à Metz, et Claude-Joseph de Malet, aussi capitaine, démissionnaire en 1792 pour ne pas servir la Révolution, frère du général célèbre par ses conspirations contre Napoléon en 1808 et 1812 (1).

Bonaparte obtient en 1789 un nouveau congé pour se rendre dans sa famille en Corse. Il part d'Auxonne le 16 septembre 1789 et ne rentre à son corps que vers le 10 février 1791 (le 9 ou le 10). C'est pendant son séjour dans l'île natale qu'il élabore la fameuse *Lettre à M. Matteo Buttafoco*, laquelle il vient à son retour faire imprimer chez Joly.

La bibliothèque de Dole possède l'un des cent exemplaires de cette première édition du pamphlet dont le titre est exactement : *Lettre de M. Buonaparte à M. Matteo Buttafoco, député de Corse à l'Assemblée nationale*. L'opuscule de 21 pages in-8° n'indique ni le lieu d'impression, ni le nom de l'imprimeur, ni la date. Au-dessous de la signature BUONAPARTE se lit : « *De mon cabinet Demillelli* (sic), le 23 janvier, l'an second. » (Millelli était une propriété de la famille Bonaparte).

D'après cette mention finale, la lettre aurait été écrite au début de 1790 qui est l'an II de la Liberté ; mais d'autre part, Bonaparte n'ayant quitté la Corse qu'à la fin de janvier 1791, il est assez improbable que l'auteur ait conservé le manuscrit en portefeuille pendant un an. En supposant qu'il y ait là un *lapsus calami* et qu'on lise 1791, on sera d'accord en cela avec M. A. Chuquet.

Le séjour de Napoléon à Auxonne ne fut pas de longue durée. Nommé premier lieutenant au 4e régiment (ci-devant de Grenoble) à Valence le 1er juin 1791, il quitta Auxonne le 14 juin. L'impression de sa *Lettre* eut donc lieu entre le milieu

(1) Le lieutenant Bonaparte eut occasion, à Auxonne, de connaître un autre Dolois, Denis Grosey, qui, dit-on, le blessa en duel d'un léger coup d'épée (M. Bois, *Napoléon Bonaparte lieutenant d'artillerie à Auxonne*. Paris, Flammarion, s. d.).

de février 1791 et le 1ᵉʳ juin ; probablement en avril ou mai, à
cause de l'heure matinale à laquelle il devait partir de sa garnison pour franchir à pied les quinze kilomètres qui le sépa-
raient de Dole où il arrivait à huit heures (1).

Avec l'opuscule et sous la même reliure se trouve conservée
la minute de la réponse faite par l'imprimeur Joly à la
demande de renseignements à lui adressée par Amanton sur
ses relations avec Bonaparte pendant le séjour de ce dernier
à Auxonne. De la teneur de ce document, analysé par l'auteur
bourguignon, on connaît seulement l'essentiel que les histo-
riens qui vinrent après lui se prirent à agrémenter de détails
souvent noyés dans une rhétorique pompeuse. Nous croyons
utile, dans l'intérêt de la vérité historique, de publier ici le
texte de la lettre de Joly tel qu'il nous est donné par l'auto-
graphe de la bibliothèque de Dole.

Dole, le 14 août 1821.

Monsieur,

Votre lettre du 12 n'a pu m'être remise que hier au soir à
mon arrivée de la campagne : j'y réponds le plutôt qu'il m'est
possible, pour vous exprimer le regret que j'ai de ne pouvoir
satisfaire à vos demandes, puisque je ne possède aucun autre
opuscule de Bonaparte que sa *Lettre à Matteo Buttafoco*,
que je lui ai imprimée lorsqu'il étoit en garnison à Auxonne,
lieutenant d'artillerie. M. Charbonnière s'est trompé lorsqu'il
vous a dit qu'il avait vu chez moi d'autres imprimés de la
façon de Bonaparte : c'eût été avec le plus grand plaisir que
je vous les aurois communiqués.

Cependant, si vous reparlez de cet homme extraordinaire
(on dira encore beaucoup de lui et longtems), vous pouvez
assurer qu'il est auteur d'une *Histoire politique*, etc., *de l'ille
de Corse*, que je devois lui imprimer en 2 vol. in-12, si son
régiment n'eût pas eu ordre de se rendre à Toulon (2). J'ai vu

____

(1) Ces lignes étaient composées lorsque j'ai pris connaissance de l'étude
du Dʳ E. Ledoux, *Bonaparte à Besançon*, parue en 1900 dans le *Bulletin
de l'Académie de Besancon*. D'après l'auteur, les premiers exemplaires du
pamphlet auraient été distribués le 14 mars ; mais le costume léger
revêtu par Bonaparte et son frère pour venir à Dole semble indiquer une
date plus reculée.

(2) Joly fait erreur. Nous avons vu que Bonaparte quitta Auxonne
pour se rendre à Valence où tenait garnison le 4ᵉ régiment.

le manuscrit, que l'on aura peut-être trouvé dans ses papiers (1).

Ne pouvant vous donner satisfaction sur vos diverses demandes, je vous raconterai succintement le peu de relation qu'il y a eu entre Bonaparte et moi.

Bonaparte vint un jour chez moi (2), d'Auxonne, à 8 h. du matin, (il était vêtu d'une carmagnole et d'un pantalon de toile blanche rayée de bleu, chapeau rond) me proposer de lui imprimer sa *Lettre à Buttafoco*. M'ayant remis le manuscrit dont le corps n'était pas de sa main, mais seulement beaucoup de corrections, je le lui fis signer, nous ne convinmes d'aucun prix. Il me demanda le jour où il devait revenir pour vérifier l'épreuve de la 1ʳᵉ feuille d'impression : il dit qu'il y arriveroit à 8 h. du matin. Deux jours après, précisément à cette heure, Bonaparte étoit dans ma chambre. Il lut l'épreuve sans s'asseoir et ne voulut prendre qu'un doigt de vin, malgré mes instances. Il me demanda encore le jour fixe où il devoit revenir, à la même heure, pour voir le reste des épreuves ; il ajouta qu'il amèneroit son jeune frère, qui étoit curieux de voir comment on imprimoit. Il repartit tout de suite, parce qu'il devoit être présent à Auxonne à 11 h. précises. Deux jours après, Bonaparte et son jeune frère Louis (alors âgé de 9 à 10 ans) (3) étoient à l'imprimerie à 8 heures, vêtus de la même toile rayée, en pantalon et carmagnole. Quelques moments après arriva l'abbé Jantet, mon ami, professeur de mathématiques au collége de Dole, (duquel j'ai imprimé les *Leçons de mécanique*, 1 vol. 8ⁿ, fig.) (4) nous déjeûnames ensemble. Bonaparte se contenta d'un morceau de galette et d'un verre de vin : il parla mathématiques avec le professeur,

(1) On sait que le manuscrit n'a pas été retrouvé.

(2) L'imprimeur Joly habitait la maison qui porte aujourd'hui le n° 11 de la rue de Besançon.

(3) Né en 1778.

(4) Antoine-François-Xavier Jantet, mathématicien, né à Bief-du-Fourg (Jura) en 1747, est mort à Besançon en 1805. En 1768, il fut nommé professeur aux Orphelins à Dole, en 1773, au Collège royal de l'Arc, en 1707, à l'Ecole centrale du Jura, en 1802, professeur de mathématiques transcendantes au lycée de Besançon. Ce professeur réunissait à de vastes connaissances mathématiques le talent rare de se mettre à la portée de tous les esprits et celui encore plus rare de se faire aimer de tous ses élèves. On dit — ceci sous réserves — que Bonaparte se souvenant plus tard de l'abbé Jantet lui aurait offert à l'Institut un siège que le professeur, trop modeste, refusa.

dit peu sur les affaires du temps ; mais ce qu'il en dit étoit comme les sommaires d'un livre ; il donnoit matière à deviner sa pensée. Il nous dit que son frère Louis avoit beaucoup de goût et de facilité pour les mathématiques, et qu'il connaissoit déjà les équations du 1er, du 2e et même du 3e degré. Pendant que Bonaparte lisoit rapidement l'épreuve de son opuscule, l'abbé Jantet fit plusieurs questions mathématiques au jeune Louis qui répondit pertinemment, en achevant de déjeûner mieux que son frère. Bonaparte et Jantet causèrent encore un moment, et témoignèrent qu'ils étoient contens l'un de l'autre. Les deux frères repartirent à pied comme ils étoient venus, pour arriver le même jour à midi à Auxonne, heure fixée (8 lieus de poste dans une matinée). « Je vous reverrai bientôt pour mon ouvrage sur la Corse, » me dit Bonaparte en partant. Je lui expédiai les cent exemplaires de son opuscule qu'il m'avoit demandés.

Quelque temps après, j'eus occasion d'aller à Auxonne avec un ami. Pendant que celui-ci vaquoit à ses affaires, j'allai voir Bonaparte, logé aux casernes. Il y occupoit deux chambres blanchies à la chaux ; quatre chaises en paille, une grande table (sur laquelle étoient étalés divers plans, des ouvrages de tactique, des livres et des instruments de mathématiques), une mauvaise commode et un petit miroir sur la cheminée composoient l'ameublement de la 1re chambre ; un lit sans rideaux dans lequel couchoient les deux frères, deux chaises et une petite table, voilà les meubles de la seconde chambre : en tout, l'exigu d'un mobilier de casernes. J'avois cependant remarqué une espèce de coffre garni de clous jaunes. « Vous ne devineriez pas, si je ne vous le disois, me dit Bonaparte, ce que renferme ce coffre ? Nous avons renvoyé notre aumônier ; on m'a confié le calice, le ciboire et tous les ornemens sacerdotaux : j'ai tout ce qu'il faut pour vous dire la messe. » Il ouvrit alors la malle pour me faire voir ces objets.

Il appela [ensuite] son jeune frère qui étoit dans la chambre à coucher où il étudioit : « Louis, connois-tu monsieur ? » Comme le jeune homme hésitoit en me regardant : « Comment ! tu ne reconnois pas celui qui t'a fait manger d'un si bon gâteau ! — Ah ! c'est M. Joly. » Puis il vint m'embrasser.

Bonaparte me dit qu'on attendoit de jour en jour des ordres de départ, et que c'étoit la raison pour laquelle il n'étoit pas encore revenu à Dole ; que cependant il ne seroit pas parti sans causer encore avec moi et avec l'abbé Jantet dont il faisait grand cas. Il me proposa de dîner avec lui dans sa pension, ce que je ne pus accepter et me paya en assignats de 5 livres, dits corsets (1), ce qu'il me devoit, et après m'avoir encore parlé de son ouvrage à imprimer et donné quelque témoignage de satisfaction, il me serra la main, son jeune frère m'embrassa de nouveau et je les quittai. Je n'ai jamais revu Bonaparte que lors de son passage à Dole, allant à Marengo. Je le vis d'assez près, mais je ne lui parlei i pas.

Voilà, monsieur, quelques détails qui me sont personnels : ils seroient sans doute très insignifians, s'ils ne se rattachoient à un personnage qui a joué un si grand rôle et rempli l'univers de son nom...

L'abbé Jantet, mon ami, célèbre professeur de mathématiques, alors au collège de Dole, fut frappé de la phisionomie de Bonaparte et de son raisonnement juste et laconique. « Ce jeune homme, me dit-il, parviendra un jour à quelque grade éminent. » Il me demanda le manuscrit de la *Lettre à Buttafoco*. Je le lui réclamai lorsqu'il étoit professeur de mathématiques transcendantes au lycée de Besançon. Il a refusé de me le rendre, en disant que ce manuscrit devoit être conservé dans un musée. L'abbé Jantet est mort subitement. C'est en vain qu'on a fait la recherche de ce manuscrit après sa mort ; il ne m'a pas été possible de le retrouver...

Je ne dois pas finir, monsieur, sans revenir sur la première partie de votre lettre. On m'a effectivement fait lire dans les Variétés de *la Quotidienne*, du 9 de ce mois, ce qu'il vous a plu de dire de moi à l'occassion de la *Lettre de Bonaparte à Buttafoco*. Malgré votre bon souvenir, auquel je suis très sensible, je suis si loin de mériter ce qu'il y a de flatteur pour moi, que j'en ai rougi. Je vous pardonne pour cette fois, mais n'y revenez plus, je vous prie, car rien ne peine plus un homme honnête, comme des éloges qui ne lui sont pas dus surtout quand on les imprime.

J'ai l'honneur d'être avec un dévouement bien sincère, Monsieur, votre très humble et très obéissant serviteur.

Joly, père.

(1) Du nom du signataire.

Comme nous n'avons au sujet des voyages d'Auxonne à Dole du lieutenant Bonaparte d'autres éléments certains que ceux qui nous sont fournis par le clair et sobre récit que l'on vient de lire, nous sommes obligés de tenir pour faux tout ce qui le contredit et pour suspectes toutes les amplifications publiées postérieurement et, en particulier, celles de l'homme aimable, mais plus littérateur qu'historien, que fut le sous-préfet Marquiset (1), lesquelles furent ensuite reprises par la plupart de ceux qui écrivirent sur la jeunesse de Napoléon.

Il nous a été donné de vérifier, sur un point de la question qui nous occupe, dans quelle mesure il convient d'accorder créance aux assertions de cet auteur. Bonaparte, dit-il, dans ses voyages à Dole « prenait *le plus souvent*, en s'en retournant, la route de Gray pour s'arrêter chez M. Masson d'Authume, propriétaire du beau château qui existe dans le village de ce nom (2). M. d'Authume avait été *naguères* l'un des chefs du jeune Napoléon qui avait conservé pour cet officier une affection toute particulière, et qui créa en sa faveur la place de bibliothécaire de l'école militaire de Metz. »

Le chevalier d'Autume commandait en 1785, au régiment de La Fère, la compagnie de bombardiers dans laquelle fut incorporé Bonaparte à sa sortie de l'Ecole militaire de Paris. En 1791, il était encore capitaine dans le même régiment (le texte précédent peut laisser croire le contraire), mais alors à la tête d'une compagnie de canonniers. De plus, Napoléon fit *une* visite au château d'Authume, ainsi qu'il résulte du passage suivant d'une lettre adressée par le marquis d'Autume, neveu du chevalier, au bibliothécaire Pallu à la date du 22 mai 1841 : « Je n'ai ouï parler que d'une visite faite par Bonaparte au château d'Autume où mon oncle était alors (3). »

Dole ne revit Napoléon Bonaparte qu'en l'an VIII (1800), lorsqu'il se rendait à Martigny-en-Valais pour prendre la direction des opérations du passage de l'armée de réserve en Italie par le Grand-Saint-Bernard. Arrivé à Auxonne le matin du jeudi 18 floréal (8 mai), il en repartait deux heures plus

(1) *Souvenirs de Napoléon en Franche-Comté* (Revue des Deux Bourgognes, 1838) reproduits par le même auteur dans sa *Statistique historique de l'arrondissement de Dole*, 1841 (I, 201-205).

(2) A 4 kilomètres de Dole, sur la route départementale de Dole à Gray.

(3) Lettre inédite reliée avec la *Lettre à Buttafoco* (Bibl. de Dole).

tard pour Dole où il visitait, guidé par le général Gassendi (1),
la fonderie de canons à la forge du vieux pont ainsi que les
ateliers établis pour construire, concurremment avec ceux
d'Auxonne, les traînaux destinés a- transport de l'artillerie
au delà des Alpes.

Pendant qu'on attelait les c   u. .our repartir, le Premier Consul — nous empruntons " p sode à Marquiset —
aurait mandé auprès de lui le P. Charles, ancien religieux
minime qu'il avait connu à Brienne et auquel il avait antérieu-
rement accordé une pension de 1.000 francs. A la vue du général, le vieux prêtre ému n'aurait pu que verser des larmes et
— au moment où la berline noire du Premier Consul s'ébran-
lait — saluer son départ de ces paroles prophétiques : « *Vale,
prosper et regna.* »

Les Dolois attendirent avec impatience son retour d'Italie
pour acclamer le vainqueur de Marengo. Le dimanche
10 messidor (29 juin), le bruit se répandit en ville qu'il avait
quitté la Lombardie et qu'il traverserait Dole le lendemain
ou le surlendemain. Le 11 messidor, à 8 heures du matin, le
Conseil municipal assemblé rédigea en hâte la proclamation
suivante qui fut immédiatement imprimée et publiée dans la
ville :

« Citoyens,

« Le Héros à qui toute la France est redevable de son
bonheur, revient couvert des lauriers de la victoire : il doit
passer par cette ville pour se rendre à Paris. La Municipalité
ne pouvant en déterminer l'instant, croit cependant devoir en
instruire ses Concitoyens, pour les engager à témoigner leur
joie, en revoyant au milieu d'eux le Vainqueur de l'Italie et le
Pacificateur de l'Europe. Comme César, il a paru et a vaincu ;
plus d'une fois il l'a prouvé à ces fiers ennemis de la France,
et il vient enfin de les réduire, par ses victoires multipliées, à
implorer de sa clémence une suspension d'armes, pour aviser
aux moyens d'obtenir la paix. Nos armées triomphantesjouis-
sant d'un instant de repos, le Premier Consul en profite pour

(1) Né à Digne en 1748. Etait capitaine au régiment de La Fère lorsque
Bonaparte y était lieutenant. Promu général de brigade par le Premier
Consul (18 mars 1800), général de division (1805), nommé sénateur (1813),
il mourut à Nuits en 1828.

se rendre dans la capitale de la France, et se livrer à des travaux d'un autre genre : occupé entièrement de notre bonheur, en même temps qu'il travaille au dehors à faire respecter le nom *Français*, et à nous procurer la paix, il veut nous l'assurer au dedans par des lois sages : tel est le plan qu'il s'est proposé en prenant les rênes du gouvernement, et qu'il a juré d'exécuter dans tous ses points : tel est le but de son retour.

« Citoyens, le titre glorieux de *Père de la Patrie* est dû avec justice au Premier Consul de la France, à l'invincible BUONAPARTE : témoignons-lui donc d'une manière sensible la joie de le revoir, et que le jour où il paraîtra dans nos murs, soit un jour de fête et d'allégresse pour tous les amis de l'ordre et de la justice.

« En conséquence, la Municipalité a délibéré, le Commissaire du Gouvernement entendu, que toutes les Autorités constituées de cette ville sont invitées de se rencontrer à la maison Commune aussitôt l'arrivée du Premier Consul, pour aller avec la Municipalité le féliciter sur son heureux retour, et lui présenter les vœux de la ville.

« Qu'il sera placé une pièce d'artillerie à la Bedugue (1), pour annoncer aux Citoyens son arrivée.

« Que les autres pièces d'artillerie seront placées sur le Cours (2), et seront tirées à l'instant où celle de la Bedugue se fera entendre.

« Que les cloches seront sonnées, et qu'il sera fait plusieurs salves d'artillerie à son arrivée à la ville.

« Qu'il y aura illumination générale, et que tous les Citoyens sont invités, et au besoin requis, de s'y conformer, le soir de la journée où le Premier Consul paraîtra dans cette ville.

« Que la garde nationale prendra les armes et s'assemblera sur la place de la Liberté (3), pour de-là se rendre aux endroits qui lui seront indiqués par la Municipalité.

« Que la Garnison et la Gendarmerie sont invitées à s'y réunir.

« Que la présente sera imprimée et publiée dans tous les lieux ordinaires.

(1) Faubourg sur la rive gauche du Doubs, traversé par la route de Paris à Genève.
(2) Le Cours Saint-Mauris, promenade au nord-est de la ville.
(3) Aujourd'hui place Nationale.

« Fait en séance, à Dole le 11 Messidor, an 8 de la République française, une et indivisible.

« *Signatures :* Badois, *Président ;* Plusquin, Ratez, Quanet, Derriey, *Officiers municipaux ;* Larquand, *Commissaire du Gouvernement ;* Prost, *Secrétaire en chef* (1). »

L'attente fut vaine : Bonaparte pour rentrer à Paris avait pris un autre chemin qu'à l'aller (2). La déception fut grande parmi la population doloise ainsi qu'en témoignent les registres municipaux.

L'étoile de Napoléon plus jamais ne devait le diriger sur le Jura (3).

(1) Arch. Dole, D¹ (15). — Un exemplaire imprimé de cette proclamation (3 pp., in-8') se trouve à la bibliothèque de Dole.

(2) Le Premier Consul qui était encore à Milan le 6 messidor, avait passé à Turin le 7, à Lyon le 10 et à Dijon le 11.

(3) A deux reprises, en 1836 et en 1857, le Conseil municipal décidait qu'une statue de Napoléon serait érigée sur l'une des places de Dole ; ces deux délibérations restèrent lettre morte.

ABBEVILLE. — IMPRIMERIE F. PAILLART

www.ingramcontent.com/pod-product-compliance
Ingram Content Group UK Ltd.
Pitfield, Milton Keynes, MK11 3LW, UK
UKHW020012130726
13694UKWH00005B/2238